Faculté de Droit de Paris.

THÈSE

POUR LA LICENCE.

PARIS,

IMPRIMERIE DE E. MARC-AUREL,

RUE RICHER, 12.

1846.

Faculté de Droit de Paris.

THÈSE
POUR LA LICENCE.

L'ACTE PUBLIC SUR LES MATIÈRES CI-APRÈS SERA SOUTENU,

Le vendredi 28 Août 1846, à 7 heures,

Par Gaspard-Léon BRET, né à Paris.

Président, M. BUGNET, Professeur,

Suffragants :
MM. BLONDEAU.	Professeurs.
ORTOLAN.	
PERREYVE.	
DELZERS.	Suppléant.

Le Candidat répondra en outre aux questions qui lui seront faites sur les autres matières de l'Enseignement.

PARIS,

IMPRIMERIE DE E. MARC-AUREL,

RUE RICHER, 12.

1846.

A la Mémoire de mon Frère.

❦

A Monsieur de Gourgas, mon ancien Proviseur,
maintenant mon ami.

JUS ROMANUM.

DE PROBATIONIBUS ET PRÆSUMPTIONIBUS; — DE FIDE
INSRUMENTORUM ; — DE TESTIBUS.

(Dig., lib. XXII, tit. 3, 4, 5. — Cod., lib., IV, tit. 19, 20, 21.)

Tres nobis tituli veniunt tractandi : 1° *de probationibus et præsumptionibus* ; 2° *de fide instrumentorum* ; 3° *de testibus.*

De Probationibus et Præsumptionibus.

Primus ille titulus in tres sectiones dividi potest : prima de probationibus, secunda de præsumptionibus , tertia de probationibus
et præsumptionibus quæ in causis status admittuntur.

1

I. *Probationes* : hæc sunt quibus demonstrat veritate constare quod quis intendit. Tam ex monumentis publicis quam ex testibus , quæstionibus , jurejurando professionibus et præsumptionibus nascuntur probationes. « *Éandem vim, ait Constantinus* « *obtinent tam fides instrumentorum, quam depositiones testium* » quibus verbis quidem non demonstratur depositiones testium probationi ordine non cedere quæ ex instrumentis eruitur, sed scripturis absentibus, testes fidem facere sicut scriptura.

Ei incumbit probatio qui dicit non qui negat. Sic : quotiens quæreretur genus vel gentem quis haberet , necne; eum probare opportet. Actori incumbit onus probandi; actor vero si neget, probatio illi non incumbit : verbi gratia quum negatoria actione agens suum fundum servitutem debere negat. In exceptionibus dicendum est reum partibus actoris fungi opportere, ipsum que exceptionem velut intentionem implere. Si actor et reus diversa et contraria asseverent actori adhuc probatio incumbit. Generaliter enim tenendum est, quamdiu actor non probat ea quæ asseverat, nullam probationem à reo exigi posse, sive reus simpliciter neget, que actor asseverat, sive aliquid asseveret. Probasse quis videtur hoc quod intendit quum probaverit ea intervenisse ex quibus sequatur hoc ita esse, sicut intendit. Si actor id fecerit, reus probare debet aliud intervenisse quod intentionem actoris elidat.

II. *Præsumptiones*. Sunt certa indicia quæ recte tam ex natura quam ex lege quamdam ad probandum vim obtinent.

Triplex vulgo distinguitur præsumptionum species.

Primæ hæc sunt quæ contrariam non admittunt probationem. Tales sunt quæ ex re judicata, aut ex jurejurando delato aut relato ducuntur.

Secundæ : quæ in judiciis sæpe vice probationum habentur, sed eo usque contrarium probetur.

Tertiæ : hæ sunt quæ solæ fidem non faciunt, sed tantummodo aliis adjuvantibus probationibus. In titulo nostro potissimum de secundis præsumptionibus agitur.

III. DE PROBATIONIBUS ET PRÆSUMPTIONIBUS QUÆ IN CAUSIS STATUS ADMITTUNTUR.—In quæstionibus an quis sit filius necne ; Antoninus et Verus Augusti rescripserunt : « *Probationes de filio datæ non in* » *sola testium affirmatione consistunt, sed et epistolas quæ uxo-* » *ribus missæ allegarentur, si de fide earum constat, non nullam* » *vicem instrumentorum obtinere decretum est.* » Maxime valent quæstionibus in illis parentum professiones, qui Romæ solebant nativitates liberorum suorum apud acta profiteri publica. (Juvenal, satyr. 9). Primus jussit Marcus Antoninus apud præfectos Ærarii Saturnini unumquemque civium natos liberos profiteri intra trigesimum diem, nomine interposito. Per provincias tabulariorum publicorum usum instituit apud quos idem de originibus fieret quod Romæ apud præfectos Ærarii.

Matris et avi professio etiam filiorum recipiebatur. Non autem tanta erat fides professionum parentum ut contrariam non admitterent probationem nec a fortiori ut natali professione amissa, status filiorum mutilaretur.

In omnibus status quæstionibus an si quis sit liber aut servus, ingenuus vel libertus, hæc maxime viget præsumptio ut pro statu, in cujus quasi possessione quis est , aut possidetur , præsumatur nisi tamen per vim status iste abreptus fuerit. Nec cessat hæc præsumptio servitutis ex eo quod servo fideicommissum a domino relictum fuerit nec quod servus venditionis suæ proferat instrumentum, nec quod patrem ingenuum habeat , nec quod fratrum

status non infirmetur. Vice versa præsumptio libertatis qua frui-
tur aliquis non cessat ex eo quod mater ejus aut fratres possidean-
tur ut servi.

De fide instrumentorum.

Stricta significatione instrumentum est : quacumque scriptura
quæ ad alicujus rei probationem inservire potest.

Omnes qui excusationem non habent quo minus contra adver-
sarium meum testimonium dicant, cogi possunt exhibere instrumenta , quæ habent ad litem meam pertinentia. In judiciis , is qui
aliquid probandum habet, non solum insrumentis quæ penes se
habet, sed etiam instrumentis quæ scit penes alios esse uti potest
si modo personnæ istæ damnum laturœ inde non sunt. Poterit
que desiderare ut instrumenta producant, aut jurent se non habere,
vel habere quidem sed non posse sine damno exhibere.

Maxime fidem faciunt instrumenta publica. Authenticum instrumentum ipsum fidem facit; non quidem index hujus aut exem-
plum , etiamsi fiscus agat.

Privata etiam instrumenta fidem facere possunt et etiam uni-
cum instrumentum de pluribus obligationibus. Hæc fidem faciunt
quæ ab adversario eove qui adversarii jure utitur, facta sunt ; non
vero ea quæ ipse sibi conficit , nisi aliis adminiculis juventur.
Domestica etiam instrumenta, seu privata testatio, seu annotatio ,
si non aliis quoque adminiculis adjuventur, ad probationem sola
non sufficiunt.

Aliquid tam privatis quam publicis instrumentis commune est, quod « *scripturæ diversæ fidem sibi invicem derogantes, ab una* » *eademque parte prolatæ, nihil firmitatis habere poterunt.* »

Instrumenta fidem faciunt si legitime confecta et agnita sint. Circa formam conficiendorum instrumentorum publicorum, plura etiam ex novellis Justiniani constitutionibus requiruntur : videlicet ut contineant imperii Cæsaris annum quo confecta sunt, nec non consulem, indictionem, mensem et diem ; item nomina tam testium quam tabellionis eorumque subscriptiones. Ut fidem apud judicem faciat instrumentum, per tabellionem agnosci debet qui illud conscripsit, per amanuensem qui scripsit, et per annumeratorem qui ei interfuit. Amanuense et annumeratore absentibus solius tabellionis testimonio credetur. Privata autem instrumenta, ex Justiniani constitutione, chirographa et apochæ, si excedant quinquaginta libros auri, debent habere suscriptiones trium testium.

Si instrumentum falsi argutum fuit, incumbit probatio fidei intrumenti ei primitus qui illud produxerit; deinde ei qui instructa instantia falsum arguere paratus sit. Donec autem qui illud falsi accusat de illius falsitate docuerit; mandatur veritate aut falsitate instrumenti lata, valet inter eos demum inter quos lata est.

De Testibus.

Duplex est testium species : prior eorum qui in conficiendis instrumentis publicis vel privatis ad res confirmandas adhibentur. Posterior eorum qui in judiciis ut de facto quod convertitur adhibentur. De posteriori testium specie potissimum in materia nostra agitur. Adhiberi testes possunt non solum in criminalibus sed in pecuniariis litibus. In judiciis ad testimonium ferendum non solum masculi sed et mulieres admittuntur.

Testes adhiberi possunt qui neque propter dignitatem , vel difficultatem, vel reverentiam personnarum excusantur, neque propter lubricum consilii, vel infamiam vitæ, vel inimicitias , vel propinquitatem, vel obnoxiam conditionem, vel proprii commodi studium, lege aut judice removentur.

Ad faciendam fidem , duo testes sufficiunt ; interdum tamen plures requiruntur. Nunquam autem pauciores testes quam duo fidem faciunt. In pecuniariis judiciis testes ut ad testimonium se sistant carcere cogi, non possunt, sed tantummodo aut fidejussorem ut dent aut si satisdare nolunt jusjurandum ab his exigi potest. Ultra quindecim dies testes morari judex non potest. Indemnes fieri debent propter sumptus omnes quos fecerunt. Testes coram judice perhibere opportet. Si testes in alia provincia sunt , audiri debent apud præsidem hujus provinciæ aut defensorem civitatis, mittuntur que acta ad judicem apud quem lis pendet. Testis omnis priusquam testimonium perhibeat, jurare debet. Falsi testes severe puniuntur.

POSITIONES.

I. Si filius in patris potestate se neget esse, cui incumbit probatio ? Pretor cognoscit ut prior doceat filius.

II. Non pupillo necesse est probare fideijussores pro tutore datos non idoneos esse.

III. In ordine probationum an instrumenta ante testes non extant ? Instrumentis cedit testium probatio.

IV. Testes duo omnibus in casibus ad probationem admittendam non sufficiunt.

DROIT FRANÇAIS.

Des Actes de l'État Civil, de leur rôle dans la preuve du Mariage et de la Filiation.

(C. civ., liv. 1er, tit. 2, art. 34-101 ; tit. 5, art. 165-171 , 194-200; tit. 7 , art. 319-325, 334.)

Loi du 3 mars 1822, sur la Police sanitaire , art. 1-19.
— Ordonnance du 23 octobre 1833, sur l'état civil en pays étranger.

L'état (*status*) est la capacité juridique d'un individu de s'obliger et d'obliger.

Cet état engendre des droits actifs et des droits passifs, des droits et des devoirs. Exercés de particulier à particulier , ces droits sont des droits civils ; de particulier à gouvernement ils sont droits politiques. De là , l'état civil et l'état politique (1). Le pre-

---

(1) L'état politique reste bien distinct de l'état civil : on naît français, on devient citoyen. Aujourd'hui cependant, la Charte constitutionnelle n'ayant pas confirmé les conditions imposées par la Constitution de l'an VIII, il suffit pour posséder l'état de citoyen, d'être français, mâle et majeur; les actes de l'état civil prouvent alors l'état politique.

mier de ces états doit seul nous occuper, et encore ne le prendrons-nous ici que dans un sens assez restreint, comme désignant l'ensemble des rapports d'un individu avec sa famille (*status familiæ*). En effet, dans la matière que nous allons aborder, nous ne considérerons cet état que comme l'ensemble des droits d'une personne en tant que fils, époux et père, c'est même aller plus loin que le Code, car les droits que confèrent l'adoption, la reconnaissance, l'émancipation et la tutelle, restent en dehors de notre matière.

Les *actes* de l'état civil sont la preuve de l'état civil. Ils constatent, pour la sociéte et pour la famille, l'existence naturelle et civile de chaque individu, existence déterminée par ces trois grandes phases : *la naissance, le mariage, la mort*. Je m'attacherai à examiner ce que furent les actes de l'état civil, ce qui les constitue aujourd'hui, ce qu'ils prouvent ; en d'autres termes, 1° *LEUR HISTOIRE;* 2° *LEUR FORME;* 3° *LEUR USAGE*.

CHAPITRE PREMIER.

—◦❧◦—

Historique des Actes de l'État Civil.

———————

Quelle que soit l'importance des actes de l'état civil , ils sont néanmoins de création moderne ; l'antiquité ne nous en offre aucune trace. L'état civil se confondait avec l'état politique. A Rome, le *cens*, dénombrement quinquennal, n'est autre chose qu'une mesure d'intérêt public ou de fiscalité ; ce que l'on recherche, ce n'est point l'existence d'un homme , mais bien un soldat pour la patrie, un citoyen pour l'impôt. Certains auteurs ont attribué à Marc Aurèle la création des registres de l'état des personnes. On peut répondre à cela que ces registres dont la tenue fut ordonnée par cet empereur, ne constataient que les naissances , et que de plus, ils ne furent jamais régulièrement tenus. Probus (*liv.* V, *tit.*4. *l.* IX, *au Code de Nuptiis*) nous apprend que la naissance peut être prouvée par témoins (1).

———————————————————

(1) Chez les Juifs, nation en tout exceptionnelle, une idée religieuse présida à la constatation de leur naissance; leur noblesse à eux était dans l'avenir et non dans le passé; de la tribu de Juda devait naître le Messie.

2

En France, dès les premières races de nos rois le clergé tint des registres constatant les naissances, mariages et décès. Mais le but principal de ces registres était de rappeler les cérémonies religieuses et non de constater l'état civil. La preuve testimoniale fit pleine foi pendant bien des années. En 1559 fut rendue, par François Ier, la fameuse ordonnance de Villers-Cotterets (1) qui, dans son article 50, prescrit de tenir des registres de la sépulture des personnes ayant bénéfice, mais à la seule fin de constater le décès de ces personnes quant à la récréance, c'est-à-dire à la possession provisoire du successeur au bénéfice. L'art. 51 ordonne la tenue de registres pour constater les baptêmes, le temps et l'heure de la nativité; mais s'ils font, comme le dit l'ordonnance, pleine foi de la majorité et de la minorité, ils n'ont aucun trait à la filiation; le baptême ne peut nuire à personne, pour la filiation qui intéresse les tiers la preuve testimoniale est seule admise.

En 1579, l'ordonnance de Blois vint substituer à la preuve testimoniale celle tirée des registres du clergé. La pleine foi accordée ainsi à ces registres remettait l'état civil entre les mains des

---

(1) *Ordonnance de Villers-Cotterets* sur l'administration de la justice ; art. 50 : « Des sepultures des personnes tenant bénéfice sera faict registre en forme de « preuve par les chapitres, colléges, monastères et cures, qui fera foi et pour « la preuve du temps de la mort, duquel temps sera faicte expresse mention « esdits registres, et pour servir au jugement du procès où il serait question de « prouver ledit temps de la mort, au moins quant à la récréance. »

Art. 51 : « Aussi sera faict registre en forme de preuve, des baptêmes, qui « contiendront le temps et l'heure de la nativité, et par l'extrait dudit, se « pourra prouver le temps de majorité ou de minorité, et fera pleine foi à cette « fin. »

prêtres catholiques. Une pensée politique dominait cette mesure ; l'unité religieuse était menacée, on espérait lui donner plus de force en obligeant les citoyens à recourir aux prêtres catholiques, et leur faire oublier leurs intérêts spirituels en vue de leurs intérêts temporels.

La régularisation de ce système fut encore l'objet de l'ordonnance de 1667, et de la déclaration du 9 avril 1736 rédigée par D'Aguesseau.

Par suite de l'obligation imposée aux citoyens de recourir au clergé catholique, obligation que ne voulurent point reconnaître certains sectateurs de cultes dissidents, les droits civils leur furent refusés, et leurs mariages frappés de nullité par la législation du royaume. L'état de leurs enfants se trouvait gravement compromis. Pour remédier à ce mal, la jurisprudence adopta des fins de non-recevoir à opposer aux collatéraux avides qui venaient disputer aux enfants des religionnaires l'héritage de leurs pères. Dans son édit du 28 novembre 1787, Louis XVI vint en aide aux protestants français et étrangers, en leur accordant le droit de faire constater leur naissance, mariage et décès par les officiers de justice de leur domicile.

La Révolution suivit de près cet édit. La Constitution de 1791 promit un système uniforme pour la constatation de ces trois grandes périodes de la vie. Les lois du 20 septembre et du 19 décembre 1792 en réglèrent le mode. Le clergé se trouvait dès-lors dépouillé de la tenue des registres de l'état civil. Dans la crainte que, nonobstant les lois précitées, le clergé ne continuât à s'attribuer un droit qui venait de lui être enlevé, la loi du 7 vendémiaire an IV défendit à tout juge, administrateur et fonctionnaire public d'avoir égard à la production des registres émanés de lui.

Elle prononce même des amendes de cent à cinq cents livres, et un emprisonnement d'un mois à deux ans contre toute personne qui enfreindrait ces dispositions. Une loi du 18 germinal an X tempéra ces rigueurs tout en ne permettant point aux registres tenus par les ministres des cultes de suppléer à ceux ordonnés par la loi pour constater l'état civil des Français. On pourra avoir égard à ces registres, dit la loi, mais seulement en cas de perte des registres civils et pour éclairer l'emploi de la preuve testimoniale.

Telle était, sauf quelques modifications, la législation existante lors de la promulgation du titre deuxième du Code civil ayant pour rubrique : *Des actes de l'état civil.*

CHAPITRE SECOND.

Formes des Actes de l'État Civil.

SECTION PREMIÈRE.

Quels sont les officiers de l'état civil compétents.

Dans aucun des articles de ce titre, le Code n'a désigné en termes formels quel est l'officier chargé de recevoir les actes de l'état civil et d'en tenir les registres; partout il emploie l'expression : *officier de l'état civil.*

Avant 1791, nous avons vu les curés remplir ces fonctions chacun dans sa paroisse. La loi de 1792 les leur enlève et les confie aux municipalités dont un ou, plusieurs membres devront être choisis par les conseils généraux des communes, et chargés de la rédaction et conservation de ces actes. D'après la loi du 19 vendémiaire an IV, dans les communes au-dessous de cinq mille âmes, l'officier municipal, aujourd'hui le maire ou son adjoint, est chargé de ces fonctions. Dans les autres communes, c'est toujours un des membres de la municipalité. Dans le but de donner aux fêtes décadaires une solennité plus grande, la célébration des mariages fut enlevée aux agents municipaux. A dater du 1er vendémiaire an VII, les mariages durent être célébrés, le décadi au chef-lieu du canton par le président de chaque administration municipale de canton, et ce, à peine de nullité. La loi du 28 pluviose an VII, adopta un système uniforme dans toutes les communes en donnant aux maires et adjoints la tenue des registres constatant l'état civil des Français. Chargés de la rédaction des actes de l'état civil et de leur conservation, les maires et les adjoints ne sont point des administrateurs, mais bien des fonctionnaires de l'ordre judiciaire ; ils ne relèvent plus du préfet, mais du procureur du roi. De cette qualité me semble naître une conséquence, c'est que des poursuites pourront avoir lieu contre ces officiers sans l'autorisation du Conseil d'État. Juges de toutes les contestations et de toutes les rectifications à faire aux registres de l'état civil, les tribunaux en seront les seuls gardiens.

Quelques dérogations ont été apportées à cette règle générale. L'ordonnance du 28 mars 1816 confie pour les membres de la famille royale, les fonctions d'officier de l'état civil au grand chancelier de France, et les régistres qui concernent ces personnes restent déposés aux archives de la Chambre des Pairs.

Dans les lazarets et autres lieux séquestrés pour cause de maladie contagieuse, ces actes sont reçus par les membres des autorités sanitaires (loi du 3 mars 1822, art. 19), et dans les vingt-quatre heures expédition en est adressée à l'officier de l'état civil où est situé l'établissement, lequel en fait la transcription.

Une troisième dérogation est celle contenue dans l'ordonnance du 23 octobre 1833, qui trace pour les actes reçus à l'étranger un système de compétence et de contrôle différent de celui qui régit les fonctionnaires en France. Le chancelier du consulat remplace le maire ; pour le consul : il remplit la mission du procureur du roi ; c'est lui qui cote les registres, les paraphe, les arrête et légalise les extraits, accorde des dispenses de publicité (quelquefois même d'âge) et constate les irrégularités. Chaque année un double de ces registres est envoyé au ministre des affaires étrangères, et vérification en est faite par des commissaires spéciaux.

Pour les militaires ou les marins hors de France, le Code trace quelques règles particulières.

Argumentant d'un passage de l'arrêté du 2 pluviose, an IX (1), et de l'art. 5 du décret du 4 juin 1806 (2), une circulaire du ministre de la justice, du 30 juillet 1807, avait interdit aux adjoints

---

(1) *Arrêté du 2 pluviose, an IX. art.* 7 : « Le maire sera seul chargé de l'admi-
« nistration, il aura seulement la faculté d'assembler ses adjoints, de les con-
« sulter lorsqu'il le jugera à propos, et de leur déléguer une partie de ses fonc-
« tions. »

de remplir les fonctions d'officier de l'état civil, sans une délégation spéciale du maire, délégation dont il devait être fait mention dans l'acte que l'adjoint rédige. Cette interprétation, dont la fausseté me semble évidente, provient de la confusion que l'on a faite des fonctions administratives et de ces fonctions que nous avons dit être de l'odre judiciaire. Cette distinction est au reste nettement indiquée dans l'art. 13 de la loi du 28 pluviose, an VIII : « *Les maires et adjoints rempliront les fonctions administratives* « *exercées maintenant par l'agent municipal et l'adjoint.* » Relativement à la police et à l'état civil : « *Ils rempliront les fonc-* « *tions exercées maintenant par les administrations municipales* « *de canton, les agents municipaux et adjoints.* » En présence de semblables termes, il est évident que notre décrêt ne peut s'appliquer à autre chose qu'aux fonctions administratives. Il ne règle que le pouvoir d'administrer, et n'altère en rien la capacité des adjoints comme officiers de l'état civil. Telle est la décision de la Cour royale d'Angers ; arrêt du 20 août 1821.

A Paris, une question de ce genre ne peut s'élever ; un avis du Conseil d'État du 8 octobre 1808, a autorisé les deux adjoints à remplir ces fonctions concurremment avec le maire.

S'il y a absence du maire et de l'adjoint, ces officiers seront suppléés par l'un des membres du conseil municipal dans l'ordre de la liste. (Circulaire du Ministre de la justice du 20 mai 1807.)

---

(2) *Décrét du 4 juin 1806, art.* 5 : « Le maire est seul chargé de l'administra- « tion, il a la faculté d'assembler ses adjoints pour les consulter, et de leur dé- « léguer une partie de ses fonctions. »

SECTION DEUXIÈME.

———

Formes et règles communes à tous les actes de l'état civil.

Parmi les règles qui concernent les actes de l'état civil, les unes sont communes à tous ces actes, d'autres particulières. Les règles communes nous occuperont d'abord ; quant aux spéciales, nous les développerons en second lieu.

Ces formes et règles communes sont surtout relatives : à la *rédaction*, à la *tenue* et à la *publicité des actes.*

I. *Pour la rédaction.* L'officier doit énoncer l'année, le jour et l'heure de la réception de l'acte, les prénoms, noms, profession et domicile des personnes qui y sont dénommées. Les personnes dénommées à l'acte sont de trois espèces : *les parties*, comme les époux dans le mariage ; *les déclarants*, comme les personnes ayant assisté à l'accouchement ; *les témoins* , personnes qui assistent à l'acte et certifient avec l'officier l'existence de la déclaration.

Aux noms et prénoms, la loi du 9 fructidor, an II, (art. 2), permet d'ajouter les surnoms s'ils sont nécessaires pour la distinction des différents membres d'une famille. Les comparants peuvent aussi faire inscrire leurs qualités ; une circulaire du ministre de la justice du 3 juillet 1807, ordonne même de mentionner la qualité de membre de la Légion d'honneur. Si les comparants sont pairs, députés ou nobles, l'acte doit le dire (Charte constitutionnelle, art. 62).

Dans la rédaction des actes, l'officier de l'état civil ne peut rien ajouter ni diminuer aux déclarations qui doivent lui être faites. D'un autre côté, le devoir des parties est de ne déclarer que ce que la loi leur demande. Dans un acte de naissance par exemple, si l'enfant est naturel, le nom du père ne peut être déclaré que par lui-même. Dans un acte de décès (art. 85), s'il y a mort violente, il n'en est pas fait mention.

II. *Pour la publicité.* L'acte est lu aux parties, mention est faite de cette lecture. Il est signé, ou déclaration de l'impossibilité de signer, et quelle en est la cause (art. 38, 39), par l'officier, les comparants et les témoins (1). Les parties intéressées peuvent se faire représenter par des fondés de pouvoir avec procuration *spéciale et authentique,* à moins toutefois qu'elles ne soient obligées de se présenter en personnes. Le divorce de consentement mutuel est la seule exception formelle apportée par la loi à l'art. 36. Des auteurs ont regardé le mariage comme identique au cas précité. L'opinion contraire me semble néanmoins pouvoir être soutenue.

Il est des cas où semblable manière de procéder est d'une utilité très grande. Une Française épouse un étranger retenu dans sa patrie, avant son départ, elle devra posséder le titre d'épouse, son intérêt, celui de sa famille l'exigent. Un fonctionnaire public quel qu'il soit, est obligé de s'éloigner entre les deux publications ; on ne pourra malgré son absence, s'opposer à ce qu'il contracte un mariage public. Enfin, un Français est engagé dans un voyage

---

(1) Pour ces témoins, les qualités requises sont moins rigoureuses que pour ceux des testaments (art. 980 C. civ.) et des actes notariés (loi du 25 ventôse, an XI, art. 9 et 10).

de long cours, il a laissé en France un enfant naturel et la mère qui lui a donné le jour, peut on nier qu'il puisse légitimer cet enfant en contractant un mariage par procureur?

L'opinion qui méconnaît la possibilité de semblables mariages se fonde sur ce que les différentes lectures exigées, seront insignifiantes à l'égard d'un mandataire. De plus, d'après l'art. 75 qui concerne le mariage, la lecture doit être faite aux *parties*, et l'officier de l'état civil doit obtenir le consentement de chacune d'elles et la déclaration qu'elles entendent se prendre pour mari et femme, leur présence est donc ainsi supposée. Dans la discussion de l'art. 146 C. civ. le premier Consul a attribué les erreurs sur la personne aux mariages contractés par procureur, en faisant toutefois remarquer que de semblables erreurs ne pouvaient plus exister dès l'instant que le mariage n'avait lieu qu'entre parties présentes. Le consentement, ajoutent enfin ces auteurs, est de l'essence du mariage; comment s'assurer de ce consentement, savoir si la volonté n'est point changée, lorsque l'un des époux est absent?

L'opinion contraire part de l'idée que l'art. 36 est conforme aux principes généraux d'après lesquels on peut agir par mandataire, s'il n'y a interdiction formelle de la loi ou de la convention. Pour le divorce, le Code a établi une dérogation; si le même principe eût été applicable au mariage, il eût pris soin de le dire. Comme réponse à l'argument tiré de ce que les lectures doivent être faites aux parties, nous dirons que cette formalité n'est point exigée à peine de nullité. Enfin, si l'art. 75 parle de la déclaration faite par les parties de leur consentement, cela tient au langage ordinaire des lois qui ne s'expriment jamais qu'en vue des règles générales. Quant à la discussion de l'art. 146, elle ne peut être d'un grand poids; les paroles du premier Consul ne portent que sur un objet accessoire, et encore ne les trouve-t-on que dans une séance inédite (4 frimaire an IV). Cette théorie ne doit point au reste nous effrayer, de semblables faits ne se présenteront que dans des circonstances impérieuses et exceptionnelles.

La publicité étant de l'essence des registres de l'état civil, toute personne peut exiger la délivrance d'un extrait de la part des dépositaires légaux, les maires et les adjoints et non les secrétaires de mairie, ainsi que l'a reconnu un avis du Conseil d'État du 2 juillet 1807, tout en déclarant valables les extraits délivrés par eux jusqu'alors.

III. *Pour la tenue des registres.* Le législateur a pris quant à ce point des mesures rigoureuses. Point de blanc dans les registres, nulle rature, nulle abréviation; s'il y a des renvois, ils sont mis en marge et signés comme le corps de l'acte. Pour les ratures, elles sont approuvées. Toute date écrite en chiffres est prohibée (art. 42). Afin d'éviter la suppression ou l'intercalation de feuillets, les registres sont cotés par première et dernière, paraphés sur chaque feuille par le président du tribunal de première instance. A la fin de chaque année, ils sont clos et arrêtés par l'officier de l'état civil. Ils sont tenus en double (1) et déposés l'un aux archives de la commune, l'autre au greffe du tribunal. Le procureur du roi les vérifie et constate les contraventions aux règles prescrites.

---

(1) Innovation du chancelier d'Aguesseau. Les registres constatant les publications de mariage sont cependant exceptés.

SECTION TROISIÈME.

Rectification des actes de l'état civil.

Rectifier un acte, c'est redresser une erreur qu'il contient pour y substituer la vérité.

Les actes tels qu'ils sont appartiennent aux parties, mais les parties y sont soumises. Le tribunal peut seul en réparer les erreurs. En principe, les parties ont seules le droit de demander la rectification. Cependant, d'après un avis du Conseil d'État du 13 brumaire an XI, le ministère public peut agir d'office lorsque la question intéresse l'ordre public. Il le peut même alors que la question n'est pas d'ordre public, si l'indigence notoire d'un individu l'empêche de demander cette rectification. (Décision des ministres de la justice et des finances du 6 brumaire an XI).

Le tribunal compétent est toujours, sans aucune exception, celui au greffe duquel les registres ont été déposés (1). Les parties intéressées comme dans toute demande en justice, sont celles qui ont un intérêt né et actuel. Les héritiers peuvent requérir la rectification des registers concernant leur auteur, mais avec une distinction : si l'état du défunt n'était point reconnu pendant sa vie, la voie de la rectification leur est fermée contre un acte constatant un état devenu définitif et immuable par le décès (art. 329); mais

---

(1) Que la demande soit principale ou incidente.

si la possession d'état était constante et qu'il ne s'agit que d'une erreur matérielle, les héritiers peuvent en demander la rectification si le besoin s'en fait sentir. Quelque légère que soit l'erreur, elle ne peut être réparée que par un jugement. Si les parties n'ont point requis le jugement ou qu'elles n'y aient pas été appelées, il ne leur est point opposable, elles peuvent invoquer la règle : *Res inter alios acta*, ou agir par la tierce opposition. Si au contraire, elles ont été appelées, l'appel et la cassation leur sont seuls réservés. Les jugements sur la rectification des actes de l'état civil sont rendus dans la chambre du Conseil.

D'après un avis du Conseil d'État du 23 février 1808, approuvé le 4 du même mois, les jugements de rectification sont inscrits sur les registres par l'officier de l'état civil, et mention doit en être faite en marge de l'acte réformé.

Pour les actes reçus sur mer, à l'armée et dans les lazarets, si d'après la prescription de la loi, une expédition en est parvenue à l'officier du domicile, la règle ci-dessus énoncée est applicable. Dans le cas où l'expédition n'existe que dans les archives du ministère, la partie intéressée qui demande la délivrance d'un extrait, requiert l'inscription de l'acte tel qu'il est en protestant contre l'erreur, et peut obtenir la rectification dans les formes ci-dessus indiquées.

Quant aux actes rédigés à l'étranger, c'est le plus souvent au tribunal étranger qu'il faut recourir.

SECTION QUATRIÈME.

Manière de suppléer aux actes de l'état civil.

Un acte est vicieux, nous avons vu les moyens de le rectifier ; mais s'il n'en existe pas, ou si celui qui existait a été perdu, comment agirons-nous? L'art. 46 du Code civil répond à cette question.

I. Une distinction préalable est essentielle : L'art. 46 suppose deux faits : 1° la preuve de l'impossibilité où l'on a été de se procurer une preuve littérale, la non existence ou la perte de l'acte ; 2° la preuve des faits qui devaient être constatés par cet acte.

Dans la première partie (perte ou non existence), nous verrons la loi peu rigoureuse ; toute espèce de preuve lui semble acceptable. Dans la seconde au contraire, les modes de prouver sont plus restreints.

Pour la non existence ou la perte des registres (1), la preuve en est admise tant par titres que par témoins. Par titres, c'est-à-dire, par tout écrit constatant sa perte, sa non existence ou la mauvaise tenue des registres. Dans ce premier alinéa, l'article est impératif, l'option n'est pas laissée aux tribunaux.

---

(1) Ce cas, assez rare, s'est présenté à Soissons en 1814, les registres furent entièrement détruits.

II. Quant aux mariages, naissances et décès que les registres devaient constater, la preuve en est plus délicate.

« *Les tribuaux* », dit le législateur, « *pourront admettre*
« *comme preuve les registres et papiers émanés des père et mère,*
« *et la preuve testimoniale.* » Telle est la règle générale :
Pour que ces registres et papiers puissent faire foi, le législateur veut le décès des père et mère. Dans le projet au contraire,
on lit : *vivants* ou *décédés*. Le premier de ces mots a disparu
dans le but d'enlever aux parents la possibilité de changer
ou de supprimer l'état de leurs enfants. Ici la disposition de la loi
n'est plus impérative, elle laisse au juge le soin d'apprécier si
ces modes de preuve sont ou non admissibles. L'article est
énonciatif et non restrictif.

III. La possession d'état (nous en verrons plus tard quelques
effets), et les résultats d'une procédure criminelle, peuvent aussi
suppléer aux actes de l'état civil. Par une faveur particulière
au mariage, peut être admis comme équivalent à l'acte de
naissance des futurs époux, un acte de notoriété émané du juge
de paix du lieu de leur naissance ou de leur domicile, à la
condition que l'acte est signé de sept témoins et homologué
par le tribunal du lieu où le mariage se célèbre (C. civ., art. 70,
71 , 72).

SECTION CINQUIÈME.

Sanction des règles tracées par la loi.

Les formes prescrites dans la section deuxième ne le sont pas
à peine de nullité ; faire dépendre l'état des personnes de la fraude

ou de la négligence des officiers de l'état civil, eût engendré des conséquences trop graves. Il fallait néanmoins assurer l'exécution des règles prescrites. Des amendes, des condamnations à des dommages-intérêts, et même la prononciation de certaines peines par le Code pénal, telle est la sanction donnée par la loi (art. 50, 51, 52).

Les contraventions aux règles que nous avons développées sont poursuivies devant le tribunal de première instance comme tribunal civil et non en qualité de tribunal correctionnel. Les fonctionnaires dont parle l'art. 50, sont les officiers de l'état civil et non le procureur du Roi, comme le prétendent certains auteurs. Le ministère public est indépendant du pouvoir judiciaire, et je ne puis admettre que le magistrat auquel le tribunal ne peut adresser aucune injonction, descende de son siége pour entendre le tribunal où il porte la parole, prononcer contre lui une amende civile. De plus, en prenant les termes de la loi avec une rigueur aussi exagérée, l'on arrive à admettre que le président du tribunal peut être condamné à cent francs d'amende pour avoir omis de parapher les registres puisqu'il est dénommé dans le chapitre qui nous occupe. Bien mieux, c'est le procureur du roi qui est chargé de poursuivre les contraventions commises (art. 55); si nous le comprenons dans la catégorie des fonctionnaires dont parle l'art. 50, qui devra le dénoncer et le poursuivre?

Disons en terminant que tout jugement relatif à cette matière est susceptible d'appel (art. 54).

SECTION SIXIÈME.

Formes particulières à chacun des actes de l'état civil.

§ 1. ACTES DE NAISSANCE.

Les règles contenues dans ce paragraphe sont relatives à trois faits : *la déclaration de la naissance ; la présentation de l'enfant ; la rédaction de l'acte.*

1. *Pour la déclaration.* Elle doit être faite dans les trois jours de la naissance. L'ordonnance de 1667, dont nous avons fait connaître les dispositions dans notre historique; n'avait fixé aucun délai pour cette déclaration. Le 14 mai 1724 parut une déclaration qui ordonnait à tous les sujets du Roi de faire baptiser leurs enfants dans les vingt-quatre heures de leur naissance, s'ils ne voulaient s'exposer à une amende dont le chiffre variait selon la gravité des cas. La loi du 20 septembre 1792 prononce deux mois de prison contre les personnes qui doivent faire une déclaration et qui se sont soustraites à cette obligation, sans que cependant cette loi fixe un délai. Le décret du 19 décembre même année, accorde trois jours francs, et prononce une peine de deux mois de prison la première fois, et de six mois en cas de récidive. Le Code civil tout en conservant le laps de trois jours a supprimé la peine. La crainte de se voir enlever leurs enfants par la conscription ayant suggéré aux parents l'idée de dissimuler la naissance de ces enfants, le Code pénal (art. 346) a remédié à ces fraudes en punissant d'un emprisonnement de six jours à six mois et de seize francs à trois cents francs toute personne qui, se

trouvant dans les termes de l'art. 56, n'aura point fait de déclaration, et ce, dans les délais de l'art. 55.

Le délai expiré, disent certains auteurs, l'officier ne peut recevoir de déclaration et inscrire l'acte, si ce n'est en vertu d'un jugement rendu sur les conclusions du ministère public (avis du Conseil d'État du 8 brumaire an XII, approuvé le 12). Cette opinion ne me paraît pas à l'abri de toute réfutation. L'avis est antérieur au Code civil, son abrogation est prononcée par la publication de notre titre, c'est au moins ce qui me semble ressortir de la discussion et de l'exposé des motifs.

La loi n'appelle point concurremment toutes les personnes désignées dans l'art. 56; elle établit un ordre, une classification. La déclaration doit être faite par le père, à son défaut par les médecins, chirurgiens, sages-femmes, officiers de santé ou autres personnes qui auront assisté à l'accouchement; enfin, si la naissance a eu lieu hors du domicile de la mère, par la personne chez qui la mère est accouchée. Les personnes qui ont *assisté* ne sont pas les personnes qui par cas fortuit étaient présentes à l'accouchement, mais bien celles qui ont porté aide et secours. C'est une extension des mots : *qui ont fait l'accouchement.* La disposition de l'art 56 est restrictive en ce sens que le défaut de déclaration ne peut être imputé qu'à ces seules personnes, mais elle est démonstrative en ce sens que toute personne peut venir faire semblable déclaration. Seulement, dans la seconde hypothèse, je ne puis croire que l'on accorde même foi d'authencité; si l'acte n'est pas nul par le défaut de mission spéciale du déclarant, la véracité en sera cependant plus facile à attaquer.

II. *Pour la présentation.* L'enfant est présenté à l'officier de l'état civil, qui néanmoins doit se rendre avec ses registres auprès de l'enfant si un danger imminent en empêche la présentation.

III. *Pour la rédaction.* L'acte est rédigé en présence de deux témoins, avec les énonciations par nous énumérées lorsque nous avons traité les formes communes à tous les actes de l'état civil. Le sexe de l'enfant doit être déclaré, sans néanmoins que la vérification en soit imposée à l'officier. Les noms, prénoms, profession et domicile des parents, sont indiqués. Ici se fait la plus fréquente application de l'art. 35 qui défend de mentionner autre chose que ce qui doit être déclaré. De la combinaison de cet article avec l'art. 340, C. civ., qui pose en principe que la recherche de la paternité est interdite, il suit que dans l'acte de naissance d'un enfant naturel, on ne peut déclarer quel est son père. Il faut la présence de ce dernier et sa déclaration formelle (art. 62). En rapprochant cette disposition du principe que l'enfant conçu pendant le mariage a pour père le mari (C. civ., art. 312), nous dirons que même de l'aveu et du consentement authentique du prétendu père, l'officier de l'état civil ne peut recevoir une déclaration attribuant un père autre que celui indiqué par le mariage.

Pour l'enfant trouvé, la loi dans sa paternelle prévoyance a pourvu à son acte de naissance. Si la personne qui trouve un enfant abandonné ne le dépose point à l'hospice destiné à le recevoir, elle doit le présenter à l'officier de l'état civil qui est tenu de dresser immédiatemnnt procès-verbal, sans même qu'il y ait des témoins. Ce procès-verbal énonce le jour, l'heure et le lieu où l'enfant a été trouvé, donne son signalement exact, indique son sexe et son âge apparent, décrit ses vêtements, enfin ne néglige aucun indice, aucune circonstance pouvant amener plus tard une reconnaissance. L'officier de l'état civil donne à cet enfant non seulement des prénoms, mais encore un nom patronimique. L'enfant est remis à l'autorité civile. Quelle est cette autorité civile? Le décret de 1811 décide qu'il sera confié à l'autorité administrative; le mode d'envoi du nouveau-né à l'hospice est réglé par les instructions locales. Pour les naissances en mer, nous les trouverons dans un paragraphe spécial.

§ 2. Actes de mariage.

Le mariage doit son institution à la nature, sa perfection à la loi, sa sainteté à la religion; par la nature, il consiste seulement dans le consentement libre et mutuel; la loi donne de la force à ce consentement en en faisant un contrat; la religion le rend plus pur en l'élevant à la dignité de sacrement.

Comme contrat civil, le mariage est soumis à certaines formalités dont les unes précèdent sa célébration, d'autres l'accompagnent. Nous réunirons au titre II chapitre 3, le titre V chapitre 2. Notre troisième point sera le développement des mariages à l'étranger.

1° *Formalités qui précèdent le mariage.*

Ces formalités sont les *publications* et la *remise* des pièces exigées à l'officier civil.

I. Les *publications* (autrefois bans) sont l'annonce publique du mariage qui va être contracté ; elles ont pour objet d'appeler les oppositions des personnes ayant droit d'empêcher le mariage. D'un usage bien ancien dans l'église gallicane, elles furent au quatrième concile de Latran (1215), déclarées droit commun par Innocent III. Elles ne reçurent néanmoins force de loi civile en France que de l'édit de Blois de 1579, art. 40.

Deux publications, ordinairement à la porte de la maison commune, sont exigées de la part de l'officier public à huit jours d'intervalle, et un jour de dimanche; car, dit M. Thibaudeau (exp. des motifs), « *elles ne produisent de véritable publicité que* « *lorsqu'elles sont faites le jour où les citoyens se réunissent.* » Acte est dressé sur le registre à ce destiné (1); un extrait de la publication reste affiché dans l'intervalle des deux dimanches. Les publications sont faites au domicile de chacun des époux. En outre, si leur domicile actuel n'est élu que par six mois de résidence, les publications sont exigées au domicile précédent (art. 166, 167). Enfin, si les parties ont un consentement à obtenir, il y a nécessité à publications au domicile des personnes qui peuvent s'opposer au mariage. Pour des motifs graves, le Roi ou les officiers qu'il prépose à cet effet, les procureurs du roi, accordent des dispenses de la seconde publication.

Deux hypothèses se présentent : ou bien il n'y a pas d'opposition au mariage, alors l'officier de l'état civil procède à sa célébration dans les formes et délais que nous verrons plus tard, tout en mentionnant dans l'acte l'absence d'opposants, ou bien opposition est faite. Dans ce cas elle est signée tant sur l'original que sur la copie par les opposants ou leurs fondés de pouvoir spécial et authentique, et signifiée par le ministère de l'huissier à l'officier public qui appose son visa; même signification aux parties ou à leur domicile. Si l'officier refuse son visa, l'huissier requiert celui du procureur du roi (C. pr. art. 1039). Mention sommaire des oppositions est faite dans le corps du registre des publications; l'officier mentionne également mais en marge, l'inscription desdites oppositions, des jugements ou des actes de main-levée dont expédition lui a été remise. En cas d'opposition

---

(1) Exception à la nécessité des registres tenus en double.

l'officier ne peut procéder à la célébration du mariage à peine de trois cents francs d'amende et de tous dommages-intérêts.

II. Les formalités antérieures au mariage, avons-nous dit, sont relatives à deux faits : les *publications* et la *remise* de certaines pièces. Le premier point éclairci, nous avons à nous demander quelles pièces doivent être remises à l'officier public ? En première ligne, nous trouvons le certificat de publicité aux divers lieux exigés par la loi. Les parties doivent aussi la remise de leur acte de naissance qui peut néanmoins être suppléé par un acte de notoriété dans les formes que nous avons indiquées (section 4, *in fine*). L'officier civil doit encore exiger, si les personnes dont le consentement est nécessaire ne sont pas présentes, la preuve authentique du consentement requis ou des actes respectueux (art. 148 et 157).

Vient ensuite l'extrait de l'ordonnance royale accordant dispense d'âge si les époux n'ont pas quinze et dix-huit ans, ou dispense pour empêchements simplement prohibitifs.

La pratique exige des veufs et veuves la preuve du décès de leur conjoint, et des militaires et marins l'autorisation de leurs chefs (décrets des 16 juin, 3 et 28 août 1809).

2° *Formalités qui accompagnent le mariage.*

Lorsque les contractants ont accompli les diverses obligations que nous venons de passer en revue, l'officier de l'état civil peut procéder à la célébration du mariage, trois jours francs après la seconde publication ou la première s'il y a eu dispense accordée, sans toutefois laisser écouler un an depuis la dernière publication;

dans ce cas en effet, il devrait publier de nouveau dans les mêmes formes. Le mariage est célébré publiquement devant l'officier de l'état civil , en présence de quatre témoins, dans la commune où l'un des époux a son domicile, domicile qui peut s'établir par six mois de résidence. Ici, le mot domicile ne signifie pas celui qui est au lieu du principal établissement, mais une résidence publique et continue, ce qui n'exclut pas l'existence d'un autre domicile. Il est fait aux parties lecture des différentes pièces exigées relativement à leur état et aux formalités du mariage. L'officier public leur fait connaître aussi les dispositions du chapitre où la loi trace les devoirs respectifs des conjoints. Les époux déclarent formellement l'un après l'autre, qu'ils entendent se prendre pour mari et femme, l'officier prononce leur union au nom de la loi, acte en est immédiatement dressé.

Le mariage, dit une lettre du garde des sceaux du 21 juillet 1818, sera célébré dans la maison commune s'il y en a une , si non dans le local qui en tient lieu. Cette règle est une nécessité de précepte et non une nécessité de validité. On conçoit, en effet, qu'il est des circonstances graves où le maire devra se rendre auprès des contractants si ceux-ci ne peuvent venir à lui. Cependant je ne puis nier que dans le cas de demande en nullité pour défaut de consentement ou de publicité, cette circonstance ne soit un puissant élément de succès (art. 191).

L'art. 76 fait connaître avec soin toutes les énonciations que doit contenir l'acte de mariage; tous les documents nécessaires à prouver l'identité des époux, et à constater l'accomplissement des formalités et conditions requises. La nécessité de ces énonciations est évidente, elles ne sont pas néanmoins exigées à peine de nullité. Les ministres des cultes ne peuvent accorder de bénédiction nuptiale que sur la présentation du certificat délivré par l'officier de l'état civil (C. pén., art. 199, 200).

3° *Mariages contractés en pays étranger.*

Dans notre section première, nous avons dit quelques mots des actes de l'état civil reçus à l'étranger par nos agents diplomatiques conformément à nos lois (art. 48); nous avons désigné quels sont les officiers compétents et la manière de procéder. Dans l'art. 47, le législateur, suivant le principe : *locus regit actum*, regarde comme valables les actes de l'état civil des Français ou des étrangers dressés en pays étranger, pourvu que ce soit dans les formes usitées dudit pays.

Ce principe est répété à propos du mariage (art. 170), sous la condition toutefois que sa célébration ait été précédée des publications exigées, que les contractants aient l'âge requis (à moins de dispense), qu'ils aient obtenu le consentement nécessaire ou fait leurs actes respectueux. Bien que l'art. 170 ne parle que du cas où le mariage aurait été célébré en pays étranger, selon les formes dudit pays, il n'en faut pas conclure que l'art. 48 soit inapplicable au mariage, il s'étend à tous les actes de l'état civil quels qu'ils soient. Au reste, dans l'une et l'autre des hypothèses, le Français, dans les trois mois de son retour dans sa patrie, doit faire transcrire sur le registre de l'état civil de son domicile, l'acte du mariage qu'il a contracté à l'étranger.

§ 3. ACTES DE DÉCÈS.

Au décès d'une personne, deux choses sont constatées : 1° le *décès*; l'*individualité* du défunt.

I. Pour l'accomplissement du premier devoir, le maire se transporte lui-même auprès du défunt afin de s'assurer du fait.

Toute supposition de décès est ainsi évitée, tout danger d'une précipitation funeste écarté. Dans les grandes villes, des réglements municipaux approuvés par le préfet, confient cette mission à un docteur médecin ou chirurgien, sans que néanmoins le maire soit dispensé de cette visite. Pour les localités où semblables réglements n'existent pas, l'officier civil ne peut se soustraire à ce devoir sans s'exposer aux peines de l'homicide par imprudence. L'autorisation d'inhumer est accordée par le maire sur papier libre et sans frais, vingt-quatre heures seulement après le décès, sauf les cas de nécessité (Décret du 12 juin 1803 sur la police des sépultures). Les cas de nécessité sont ordinairement ceux où il y a putréfaction ou décès par suite d'une maladie contagieuse. Une ordonnance du 4 messidor an XII ne permet l'inhumation avant les vingt-quatre heures que sur l'avis des médecins et chirurgiens qui ont suivi la maladie, ou de ceux préposés à la constatation de l'état du cadavre.

II. L'individualité est constatée par l'acte de décès dressé sur la déclaration de deux témoins (se confondant ici avec les déclarants), les plus proches parents ou voisins, s'il est possible. Si le décès a eu lieu hors du domicile du défunt, la déclaration émane de la personne chez qui l'individu a expiré. S'il y a décès dans les hôpitaux civils ou militaires, ou dans toute autre maison publique, la déclaration est faite dans les vingt-quatre heures par les directeurs, administrateurs ou supérieurs de ces maisons. Outre les registres de l'état civil, dans chacun de ces établissements se trouve un registre destiné à recevoir ces déclarations. L'acte dressé par l'officier de l'état civil est envoyé à la municipalité du domicile du défunt.

Après s'être occupé des décès dans les hôpitaux et établissements publics, le législateur pourvoit au cas où il y a signe, indice ou

5

présomption de mort violente ; alors, dit-il, « *l'inhumation ne* « *peut avoir lieu qu'après qu'un officier de police, assisté d'un* « *docteur en médecine ou en chirurgie, aura dressé procès-ver-* « *bal de l'état du cadavre et des circonstances qui sont relatives.* » L'officier de police transmet les divers renseignements consignés dans son procès-verbal à l'officier de l'état civil, où le décès a lieu. Ce dernier rédige l'acte et en adresse expédition, pour qu'elle soit inscrite sur les registres, à l'officier du domicile du défunt, s'il est connu. L'art. 44, C. Instr. cr. complète ces diverses formalités.

Si le décès est la suite d'une condamnation, l'officier civil est suppléé dans l'accomplissement des formalités de l'art. 79, par les greffiers criminels qui lui envoient tous les renseignements exigés pour la rédaction de l'acte de décès. S'il s'agit d'une mort dans une prison, maison de correction on de détention, avis est sur-le-champ donné à l'officier de l'état civil qui se transporte sur les lieux et rédige l'acte d'après les formalités de l'art. 80. Ne voulant pas faire rejaillir sur toute une famille l'infamie d'un de ses membres, la loi a défendu de mentionner dans l'acte de décès les circonstances de mort violente, de décès dans les prisons, maisons d'arrêt ou de correction. C'est pour constater un décès et non pour spécifier un genre de mort, que les registres sont établis.

Deux décrets importants viennent compléter les dispositions du Code. Le premier : décret impérial du 4 juillet 1806, s'occupe de l'enfant dont le cadavre est présenté à l'officier de l'état civil sans que la naissance ait été enregistrée. Ce que l'officier constate, ce n'est pas que tel enfant est décédé, mais bien qu'il lui a été présenté sans vie ; il reçoit de plus la déclaration des témoins sur les prénoms, noms, profession, domicile et qualités des père et mère, et la désignation des an, jour et heure où l'enfant est sorti du sein de sa mère. Le second : décret du 3 janvier 1813 sur l'exploitation des mines, détermine dans son art. 19, la marche à suivre lorsque des ouvriers mineurs ensevelis sous les éboulements, n'ont point été retrouvés. Dans ce cas en effet, à la diligence des exploitants, directeurs et autres ayants-cause, procès-verbal est dressé par le maire ou autre officier public qui le transmet au procureur du roi; celui-ci, avec l'autorisation du tribunal, le fait annexer au registre des décès.

§ 4. ÉTAT CIVIL DES MILITAIRES OU MARINS HORS DE FRANCE.

1° *Marins.* Pour la naissance d'un enfant en mer, son acte de naissance est dans les vingt-quatre heures en présence du père s'il est à bord, et de deux témoins officiers du bâtiment ou hommes de l'équipage, dressé par l'officier d'administration de la marine de l'État, ou le capitaine du navire marchand, maître ou patron, et inscrit à la suite du rôle d'équipage. Au premier port où aborde le bâtiment, dépôt est fait de deux expéditions authentiques de l'acte de naissance au bureau de l'inscription maritime si c'est un port français; le consul les reçoit, si l'on aborde à l'étranger, l'une des expéditions reste au bureau ou à la chancellerie du consulat, l'autre est adressée au ministre de la marine qui en fait parvenir copie certifiée de lui à l'officier de l'état civil du père ou de la mère; inscription en est aussitôt faite sur les registres. Si le navire est arrivé au port de désarmement, le préposé a l'inscription maritime envoie directement sans l'entremise du ministre, l'expédition faite sur le rôle à l'officier de l'état civil compétent. Pour les actes de décès, mêmes formalités à remplir.

2° *Militaires.* Le projet du Code appliquait aux militaires en France, la règle commune à tous, et pour ceux hors du royaume, le principe : *Locus regit actum.* Ce ne fut qu'après l'énergique apostrophe du premier Consul : « *Là où est le drapeau, là est la* « *France,* » qu'eut lieu l'organisation d'un système particulier. Disons avant de développer les formalités exigées en pareille circonstance, que ces dispositions ne s'appliquent qu'aux militaires à la fois hors du royaume et à l'armée. S'ils sont simplement en voyage, leur état civil sera réglé par les art. 47 et 48 (séance du 14 fructidor an IX).

Le quartier-maître (1), dans chaque corps d'un ou plusieurs bataillons ou escadrons, le capitaine commandant dans les autres corps, rédigent les actes de l'état civil. Pour les officiers sans troupes et autres employés de l'armée, leur état civil est constaté par l'inspecteur aux revues attaché à l'armée ou au corps, officier remplacé aujourd'hui par les intendants, sous-intendants et adjoints sous-intendants militaires (Ordonn. du 29 juillet 1817). Les registres sont tenus au corps, cotés et paraphés par le commandant (2), ou tenus à l'état-major, cotés et paraphés par le chef d'état-major.

Si pour l'acte de naissance le délai de trois jours est étendu jusqu'à dix, en tout autre point les formalités du droit commun sont suivies dans la matière exceptionnelle qui nous occupe (Instr. 8 mars 1823). On comprend facilement cette dérogation ; les chances de la guerre peuvent retarder la rédaction d'un acte. Pour les mariages, les publications sont mises à l'ordre du jour vingt-cinq jours avant la célébration, sans cependant qu'il y

---

(1) Depuis leur institution, les majors sont chargés des actes de l'état civil.

(2) Dans le cas où c'est le commandant qui tient les registres (art. 89), le même officier les cote et les paraphe.

ait dispense de publications au dernier domicile du militaire , et à celui des personnes dont le consentement est nécessaire. Les actes de décès n'offrent qu'une seule particularité, trois témoins au lieu de deux; l'officier ne peut se rendre sur les lieux pour vérifier le décès, la responsabilité des témoins est plus grande. Terminons en disant que le mariage excepté (il est envoyé immédiatement) , les actes de l'état civil des militaires sont dans les six jours adressés au domicile des personnes qu'ils concernent.

CHAPITRE TROISIÈME.

Foi et Usage des Actes de l'État Civil.

SECTION PREMIÈRE.

Foi due aux actes de l'état civil.

Comme tout acte authentique, les actes de l'état civil font foi jusqu'à inscription de faux (Pr. 346). Bien mieux, par une règle spéciale, les extraits de ces actes ont la même authenticité mais à deux conditions : 1º qu'ils soient certifiés conformes à l'original ; 2º que la signature du fonctionnaire qui les a délivrés soit légalisée par le président du tribunal ou le juge qui le remplace (1). De cette règle on peut induire que semblable formalité n'est point nécessaire lorsque l'extrait est présenté au tribunal dont un des membres le devait légaliser, sans aller néanmoins jusqu'à dire que, conformément à la loi du 25 ventôse an XI, art. 38 sur le Notariat, les extraits des actes de l'état civil comme les actes notariés, sont dispensés de légalisation alors qu'ils sont produits dans l'arrondissement où ils ont été délivrés ; la signature d'un maire ou d'un adjoint n'est point en effet aussi connue que celle des notaires.

SECTION DEUXIÈME.

Usage des Actes de l'état civil.

§ 1er. NAISSANCES ET DÉCÈS.

Pour les naissances et les décès, les actes de l'état civil en sont la preuve ; l'art. 46 nous a donné le moyen de suppléer à cette preuve si elle manque.

§ 2. MARIAGES.

I. A Rome la possession d'état distinguait le plus souvent les *Justæ nuptiæ* du *Concubinatus.*

En France, jusqu'à l'ordonnance de 1639 le témoignage des

---

(1) La légalisation est la constatation faite par un fonctionnaire supérieur de la signature d'un fonctionnaire inférieur.

hommes prouva indéfiniment le mariage. Dès cette époque, la preuve littérale fut la plus parfaite, la possession d'état ne fut plus admise que rarement et la preuve testimoniale dans le cas où il y avait possession.

II. Notre système actuel est ainsi conçu : en principe les actes de l'état civil font seuls foi (194) ; les témoins ne sont admis que dans le cas de l'art. 46 ; la possession d'état ne peut être invoquée par les prétendus époux ou l'un d'eux survivant. Cette possession peut en effet, tout aussi bien servir de voile au concubinage que d'indice au mariage; les époux doivent se rappeler le lieu de la célébration de leur mariage, et alors deux hypothèses se présentent: ou l'acte existe et il fait pleine foi, ou il a été détruit, la preuve testimoniale est alors admise (46). La possession d'état invoquée par les époux ne peut avoir pour eux d'utilité que jointe à l'acte de célébration de leur mariage, alors elle fait tomber toute demande en nullité de cet acte, sans néanmoins exclure celle en nullité du mariage lui-même. Aux enfants issus du mariage, est laissée la faculté d'invoquer cette possession d'état, mais sous quatre conditions : qu'ils aient eux-mêmes la possession d'enfants légitimes, qu'elle ne soit pas contredite par leur acte de naissance, que leurs père et mère aient vécu publiquement comme mari et femme, qu'ils soient tous deux décédés, ajoutons interdits ou absents. L'existence de ces diverses circonstances établit à l'égard de l'enfant qui la produit, une présomption légale de légitimité équivalente à celle qui résulte de la représentation de l'acte du mariage des père et mère. Un dernier moyen de preuve est accordé au mariage : un acte de célébration a été falsifié, dénaturé, les époux s'ils sont vivants, ou dans le cas contraire toute autre partie intéressée, le procureur du Roi lui-même, peuvent poursuivre l'auteur du crime devant la justice repressive. Le résultat de cette procédure criminelle, le jugement inscrit sur les registres de l'état civil, équivaut à l'acte de mariage lui-même.

Nous avons supposé, dans le développement de notre quatrième moyen, que l'officier auteur du crime vivait lors du commencement des poursuites; s'il en est autrement, la mort opère la déchéance de l'action criminelle, l'action civile peut seule être intentée contre ses héritiers par le procureur du Roi en présence des parties intéressées. Cette mesure a été suscitée par la crainte qu'avait le législateur que les héritiers du coupable gagnés par les offres d'une somme supérieure aux dommages fixés par le jugement, ne permissent la supposition d'un crime chimériqne.

§ 3. FILIATION.

La preuve de la filiation est plus complexe que celle du mariage; des principes différents la régissent, tantôt plus rigoureux, tantôt plus larges. La possession admise dans le mariage avec la plus grande difficulté est une des preuves les plus usitées de la filiation. On ne peut en effet, reprocher à celui qui invoque sa filiation de ne la point avoir fait constater; d'un autre côté, la preuve testimoniale est écartée avec plus de rigueur que dans le mariage. Dans la crainte que par une voie détournée l'on n'ait recours à ce genre de preuve, la loi ne permet d'intenter l'action criminelle contre la suppression ou la falsification d'un titre constatant un état, qu'après le jugement définitif rendu sur cette question d'état (art. 327).

Un enfant est légitime ou il est naturel. De là deux filiations: *la filiation légitime, la filiation naturelle*.

1° *Filiation légitime.*

Dans l'état d'un enfant, deux choses sont à considérer : *sa légitimité* et *sa filiation*. Il n'y a de légitime que l'enfant conçu ou né pendant le mariage, ou légitimé par le mariage. L'acte de naissance prouve la filiation mais non la légitimité, car pour ce, le mariage des père et mère doit être prouvé, et nous avons vu par quels moyens on arrive à ce résultat. Dans la matière que nous allons traiter, à l'exemple du législateur nous supposerons qu'un mariage est préexistant, que la légitimité est constante, il ne s'agit plus que de déterminer la filiation c'est-à-dire l'accouchement de la mère et l'identité de l'enfant. Le premier de ces faits est prouvé par l'acte de naissance ainsi que l'exprime l'art. 319 qui nous dit : « *que la filiation des enfants légitimes se prouve par leur act* « *de naissance inscrit sur les registres de l'état civil.* » D'Aguesseau, tout en ne se dissimulant point ce que cette preuve peut laisser de doute, ajoute néanmoins que tout sera encore plus douteux si on ne l'admet pas.

Si l'acte de naissance est la plus infaillible preuve de la filiation, il ne suffit pas pour établir que l'individu qui réclame cette filiation est bien la même personne que l'enfant né à l'époque consignée dans les registres de l'état civil. Cette identité est prouvée par sa possession d'état qui s'établit par une série suffisante de faits indiquant le rapport de filiation et de parenté entre l'individu réclamant et la famille à laquelle il prétend appartenir. Trois caractères essentiels constituent cette possession d'état : *nomen, tractatus, fama ;* l'art. 321 les a exprimés avec précision lorsqu'il a dit : « *l'individu doit avoir porté le nom de* « *celui qu'il prétend se donner pour père (nomen); ce père l'a* « *toujours traité comme son enfant (tractatus); la famille l'a* « *toujours considéré comme tel (fama).* » La possession d'état jointe à l'acte de naissance a paru au législateur une preuve si convaincante, que dans son art. 322, il déclare inébranlable le concours de ses deux circonstances : « *nul ne peut réclamer un* « *état contraire à celui que lui donne sa possession d'état con-* » *forme à son acte de naissance, réciproquement semblable état*

6

« *ne peut être attaqué.* » Si l'acte de naissance manque à l'enfant , sa possession d'état lui suffit pour la preuve de sa filiation ;
si au contraire sa possession d'état lui fait défaut , l'identité
peut être prouvée par le témoignage des hommes, sans qu'il
soit besoin, je crois, d'un commencement de preuve par écrit.

Il peut enfin arriver que l'enfant n'ait ni acte de naissance ni
possession d'état, ou qu'il soit inscrit sous de faux noms, ou comme né de père et mère inconnus , la preuve testimoniale lui est
offerte, mais elle n'est admise que sur des indices graves ou s'il
y a commencement de preuve par écrit. Si nous supposons un
instant que cette nécessité de prouver sa filiation provienne pour
un individu de la non existence ou de la perte des registres, nous
trouvons selon certains auteurs une dérogation formelle à l'art.
46, qui permet au juge dans semblables cas d'admettre le témoignage des hommes, sans condition aucune. Nous examinerons
ce point sous forme de question. Le législateur exige un commencement de preuve par écrit ; de qui doit-il émaner ? s'il s'agissait
de conventions, la loi le voudrait émané de celui contre qui la
demande est formée, mais ici plus de latitude est laissée au réclamant, il suffit que ce commencement de preuve émane de toute
personne intéressée à combattre la filiation. Outre le cas où il y a
commencement de preuve par écrit, ce mode de preuve est encore admis s'il y a présomption ou indices de faits graves reconnus
par les parties avant l'enquête. Au reste la preuve contraire est
de droit, l'on peut contester la maternité, ou si elle est constante,
la paternité du mari de la mère de l'enfant et ce, par tous les
moyens possibles. La maternité établie, on n'en applique pas
pour cela le principe : *Pater is est quem nuptiœ demonstrant* du
moins comme présomption *juris et de jure* ; la preuve contraire
ne semble pas renfermée dans le cas étroit du désaveu (art. 312).
L'art. 325 permet aux parties intéressées de proposer les faits

propres à établir que l'enfant n'a pas pour père le mari de la mère.

2° *Filiation naturelle.*

Voulant prévenir les résultats déplorables qu'avait dans l'ancien droit, engendré la liberté (1) que l'on accordait aux femmes de poursuivre comme père de leur enfant tout individu convaincu d'avoir eu familiarité et fréquentation avec elles, la loi du 12 brumaire, an II, décida : « *que la preuve de la possession d'état des* « *enfants naturels ne pourrait résulter que de la représentation* « *d'écrits publics ou privés du père, ou de la suite de soins* « *donnés à titre de paternité et sans interruption, tant à leur* « *entretien qu'à leur éducation; qu'il en serait de même à* « *l'égard de la mère.* » Le Code a été plus loin en déclarant que la preuve de la filiation d'un enfant naturel ne peut avoir lieu que par la reconnaissance ou par un jugement déclaratif (2).

La reconnaissance est faite dans l'acte de naissance (62) ou par acte authentique; c'est l'aveu formel que le père ou la mère fait de sa qualité.

Selon certains auteurs, cet acte authentique est exigé dans la crainte que le père ne soit surpris ou entraîné; selon d'autres, parce qu'un acte sous seing-privé est trop fugitif. Ces deux motifs ne me semblent pas très plausibles, ne serait-ce pas plutôt dans la crainte que les parents en antidatant une reconnaissance sous seing-privée, ne créassent, selon les paroles du premier Consul, « *un enfant par consentement mutuel.* » On peut, du reste, réunir ces trois motifs.

---

(1) Semblable tolérance existe encore aujourd'hui en Angleterre.

(2) Lorsque la mère a été enlevée et que l'époque de l'enlèvement se rapporte à celle présumée de la conception, le ravisseur peut être déclaré le père de l'enfant.

QUESTIONS.

I. Un acte serait-il nul par cela seul que l'officier serait partie ou déclarant ?
Non.

II. Le mariage est-il comme le divorce un des cas prévus par l'article 36, où les parties doivent comparaître en personne ?
Non.

III. Le ministère public peut-il d'office poursuivre la rectification d'un acte de l'état civil ?
Oui.

IV. Le consentement au mariage par les ascendants doit-il contenir le nom des époux ?
Oui.

V. Le mariage ne peut-il être célébré ailleurs qu'à la maison commune ?
Oui, mais par exception.

VI. L'art. 68 est-il applicable alors que l'opposition n'est pas fondée ?
Oui.

VII. En pays étranger, les actes de l'état civil, des militaires sous les drapeaux, peuvent-ils être reçus par les officiers publics du pays d'après le principe : *Locus regit actum ?*
Non.

VIII. Est-il d'autres actes de l'état civil sur lesquels notre titre garde le silence ?
Oui.

IX. Les actes de l'état civil font-ils foi de *tout* leur contenu ?
Non.

X. La reconnaissance d'un enfant naturel peut-elle être faite par la mère par acte sous-seing privé ?
Non.

XI L'art. 323 exigeant, pour prouver la filiation par témoin, un commencement de preuve par écrit, est-il une dérogation à l'article 46, qui, dans le cas de perte ou de non existence des registres, permet le témoignage des hommes sans condition aucune ?
Non.

Paris.—Impr. de E. MARC AUREL, rue des Noyers, 12.